I0530620

LA GUÍA DEFINITIVA PARA OBTENER LAS MEJORES CALIFICACIONES EN LA UNIVERSIDAD

EL MANUAL MÁS CONCISO PARA TU ÉXITO UNIVERSITARIO - LO QUE HACEN LOS MEJORES ESTUDIANTES PARA OBTENER SOBRESALIENTES

KOOROSH NAGHSHINEH, PH.D.

SELF-PUBLISHED

ÍNDICE

1

INTRODUCCIÓN

Después de muchos años de estudiar y luego de enseñar a nivel universitario, me he dado cuenta de que existe la necesidad de una guía para que los estudiantes sepan cómo alcanzar el éxito académico. Ese éxito se consigue mediante la realización correcta de diversas prácticas, que me dispongo a tratar aquí. Mi objetivo es no irme por las ramas e ir al grano lo antes posible, sin entrar en teorías educativas ni en resultados de investigaciones.

El principal problema de muchos estudiantes universitarios con dificultades es que no han aprendido a estudiar ni han desarrollado buenos hábitos de estudio. Han conseguido superar la secundaria con facilidad y, cuando llegan a la universidad, simplemente se vienen abajo. Sus técnicas de estudio eran deficientes y ahora sufren por ello. Dedicaremos más tiempo a este problema que a otros.

Durante los muchos años en los que impartí clases como profesor de ingeniería, así como los años en los que ejercí como jefe de departamento, me encontré con muchos estudiantes que carecían de las técnicas de estudio básicas. Se esforzaban mucho, pero no obtenían los resultados deseados y se desanimaban con sus calificaciones. La educación puede ser muy costosa hoy en día, por lo que es importante aprovechar al máximo el tiempo dedicado.

En este breve libro he esbozado procesos sencillos que, si se llevan a cabo sistemáticamente, te ayudarán a aprender las asignaturas que estás estudiando y a obtener buenas calificaciones. Deben repetirse con frecuencia para convertirlos en hábitos. Estos procesos han sido utilizados por mí mismo y por muchos de mis mejores estudiantes con un GPA de 4.0/4.0 (o cercano a él). Deberás probar estas técnicas, como mínimo durante uno o dos semestres y juzgar por ti mismo el éxito obtenido. Siempre puedes hacer ajustes a estos métodos y hacerlos más adaptables a tu propia personalidad y recursos.

Mi objetivo al escribir este libro es ayudarte a ti y a muchos estudiantes como tú a alcanzar el éxito en la universidad. Aunque mi enfoque en este libro se centra en el éxito universitario, también podría ser utilizado por estudiantes de secundaria. Sería conveniente adquirir buenos hábitos de estudio antes de llegar a la universidad.

A lo largo de este libro, utilizaré indistintamente los términos profesor e instructor. No se trata de cargos iguales, pero desde tu punto de vista (el del estudiante), representan a la misma persona: la persona que imparte el curso y que, en última instancia, decide la calificación del mismo. En la mayoría de las universidades, el término "profesor" hace referencia a un nombramiento como titular o catedrático. "Instructor", similar a "catedrático", engloba a todos los demás que imparten clases en las universidades, con trabajos por contrato, a tiempo completo o parcial. Hoy en día, en la mayoría de las universidades se requiere que los catedráticos, profesores o docentes, tengan un título superior (frecuentemente un doctorado), mientras que un instructor puede o no tenerlo. Además, en algunos lugares me referiré al estudiante o al profesor como "él" y en otros como "ella" en lugar de utilizar "él/ella".

REGALOS PARA EL LECTOR

Gracias por haber elegido "La guía definitiva para obtener las mejores calificaciones en la universidad". Espero que te resulte esclarecedora, inspiradora y, lo que es más importante, práctica. Sobre todo, espero que te ayude a forjar una sólida carrera académica, obtener tu título rápidamente y conseguir el trabajo que desees.

Para ayudarte a obtener los mejores resultados lo más rápido posible, he incluido los siguientes materiales adicionales sin costo extra para ti. Se trata de:

- Trucos de gestión del tiempo que todo universitario debe conocer.
- Ejemplos de planes de preparación de exámenes.
- Un planificador de estudio semanal.
- Enlaces a videos y libros que pueden resultarte útiles.
- Y muchos más...

Para obtener tus bonificaciones, por favor escanea la siguiente imagen utilizando la cámara de tu teléfono.

SCAN ME

Como alternativa, puedes visitar este enlace:

https://www.successfulcollegestudents.com

En ambos casos, serás dirigido al mismo sitio web donde crearás una cuenta y recibirás acceso a este material. Mi objetivo es seguir añadiendo material útil a este sitio web para ayudarte a alcanzar el éxito en la universidad.

2

¿POR QUÉ ESTÁS AQUÍ?

La vida es una línea y cuál es tu camino

Quiero que realmente reflexiones sobre la respuesta a esta pregunta. ¿Por qué estás aquí, en esta universidad, en este momento de tu vida, estudiando esta asignatura en concreto? Hay muchas personas que tienen mucho éxito y nunca asistieron a la universidad. Lo que me lleva a la siguiente pregunta: ¿Cómo defines el éxito?

Te contaré cómo llegué a mi profesión. Siempre me gustó resolver problemas. Disfrutaba con las matemáticas y las ciencias. Perdía la noción del tiempo cuando aprendía cosas nuevas. No era un alumno superdotado. Siempre envidié a los compañeros de clase que parecían "entenderlo" todo tan fácilmente. Tenía que esforzarme mucho para comprender lo que otros estudiantes parecían captar tan rápidamente. Pero disfrutaba con el proceso de fragmentar una asignatura en partes más pequeñas y manejables e ir aprendiéndola pieza a pieza. Presté atención a lo que me funcionaba y experimenté con distintas maneras de estudiar. Algunas asignaturas requerían mucha repetición. Otras requerían una comprensión profunda. Me gustaban las cuestiones con las que podía identificarme. Eran más fáciles de asimilar.

Mis padres no estaban en el mundo de los negocios, así que nunca estuve expuesto a la vida de una persona que asumiera riesgos, creara una empresa, invirtiera en un producto o proceso. Mi padre era ingeniero agrónomo y trabajaba en un banco especializado en ayudar a  agricultores y ganaderos. Se dedicó a eso durante toda su vida laboral. Mi madre era profesora de química de secundaria. Ambos fueron la primera generación de su familia en ir a la universidad. Ambos se jubilaron del único trabajo en el que habían trabajado toda su vida. Yo opté por seguir un camino conservador, muy lineal: ir a la universidad, obtener un título, conseguir un buen trabajo que me proporcionara seguridad financiera, ¡así es como yo definiría mi "éxito"! Bueno, estoy aquí para decirte que hay muchas maneras de definir "el éxito". Puedes buscar la seguridad, pero ser miserable o arriesgarte y tener una vida muy estable. Puedes ser rico pero infeliz o pobre y feliz. La vida está llena de posibilidades y depende de ti moldearla a tu gusto. Las posibilidades son infinitas. No te limites nunca a un único camino.

Por mi parte, conseguí la seguridad que buscaba. Fui un exitoso ingeniero y trabajé en la industria durante algunos años. Luego decidí volver a estudiar. Para entonces estaba casado y teníamos una hija. Así que metimos todo en un camión de mudanzas y nos trasladamos a una pequeña ciudad universitaria donde estábamos rodeados de mucha gente maravillosa. Me doctoré en Ingeniería Mecánica y luego trabajé un par de años en una empresa antes de aceptar un puesto académico en una universidad estatal. Para entonces, ya teníamos dos hijos. Seis años después, ya era profesor titular. A lo largo de los años, enseñé a muchos estudiantes de grado y posgrado en ingeniería. Vi a mis alumnos luchar de diferentes maneras. Después de 21 años, me convertí en director de departamento y aprendí mucho más sobre el amplio alcance de lo que suponía dirigir un gran departamento y busqué constantemente formas de mejorar nuestro sistema para poder servir mejor a nuestros estudiantes. Este libro es la culminación de todo lo que aprendí en mis años como profesor, director de departamento y asesor de graduados, en mi interacción con los estudiantes y en mis propias experiencias de vida. Espero que te resulte útil.

Volvamos a nuestra pregunta original. ¿Cuál es tu motivación para estar en la universidad? Yo buscaba seguridad. ¿Y tú? Sé sincero contigo mismo. No estoy intentando convencerte de que no vayas a la universidad. Tu mentalidad es la parte más importante de tu educación. Una vez que estés convencido de que el camino que sigues es el correcto para ti, entonces te resultará mucho más fácil convencerte a ti mismo de realizar el tedioso trabajo de desarrollar las habilidades que necesitas para alcanzar el éxito. Este debería ser tu proceso para cualquier cosa que emprendas en tu vida.

Una de las mejores cosas de la universidad es que es el lugar para explorar e identificar lo que quieres ser y lo que quieres hacer en el futuro. No estás limitado a la carrera en la que te han aceptado. Hay muchos caminos y muchas carreras (y especializaciones) que puedes estudiar. Probablemente, no hayas oído hablar de muchas de las opciones educativas que tienes a tu disposición. Conozco a un estudiante que empezó en Ingeniería Mecánica y se dio cuenta de que no era lo suyo. Entonces descubrió el Diseño Industrial (algo de lo que nunca había oído hablar antes de llegar a la universidad), tomó una clase y se enganchó. Cambió de especialidad y ahora es mucho más feliz. Debido al rápido ritmo al que cambia nuestro mundo, la oferta de estudios para los estudiantes aumenta cada año. No hace mucho, no había muchas universidades que ofrecieran carreras de ciberseguridad. Sin embargo, ahora son muchas las que ofrecen esta carrera. Ese es solo un ejemplo de un nuevo campo de estudio. En muchas universidades, la oficina de carreras profesionales y servicios de empleo para estudiantes (o una variación de este nombre) puede ser el mejor lugar al que acudir para obtener asesoramiento sobre qué especialidad es la mejor para ti. Alternativamente, la oficina de asesoramiento puede ayudarte a iniciar este proceso.

Averigua por qué estás aquí y una vez que estés seguro de que es donde quieres estar, haz el trabajo necesario para tener éxito en lo que tienes delante.

Para mí, ir a la universidad es como tu trabajo actual. Eres responsable de hacerlo bien y eso significa aprender todo lo posible y graduarte en el menor tiempo posible (es decir, gastar lo menos posible en la carrera y salir con una deuda universitaria mínima).

Ya he dicho bastante. Asumiré que sabes por qué estás aquí y que estás comprometido a tener éxito en tus clases. Pasemos ahora a analizar lo que debes hacer para ser exitoso en tus clases.

3

TU TRABAJO ANTES, DURANTE Y DESPUÉS DE CLASE

Antes ⟶ *Durante* ⟶ *Después*

E mpecemos por lo que hacen muchos estudiantes fracasados para salir adelante en la universidad. ¡Esto es lo que no quiero que hagas!

Hay muchos estudiantes que toman este camino y consiguen obtener un título. Repiten asignaturas varias veces o se las ingenian a duras penas. Por lo general, su título no es más que un trozo de papel y no refleja una comprensión fundamental de las asignaturas que estudiaron. Esto es lo que hacen esos estudiantes:

- A veces asisten a clase, ¡a veces NO!
- A veces prestan atención en clase, ¡a veces se quedan dormidos!
- A menudo no toman apuntes de manera eficaz

- Esperan hasta el último momento para hacer los deberes asignados
- Esperan hasta el último momento para preparar los exámenes
- Se quejan de los métodos de enseñanza y de las calificaciones de sus profesores, pero no se reúnen con ellos para discutir sus preocupaciones
- Obtienen una mala nota y, si es todo lo que necesitan para aprobar el curso, ¡pasan al siguiente curso sin tomarse el tiempo de rellenar/corregir las lagunas de conocimiento!

Estos son los estudiantes que, por lo general, están descontentos con su progreso a la hora de conseguir el trozo de papel que certifica que tienen un título. En la mayoría de los casos, se sienten frustrados porque tardan demasiado en graduarse. Una vez que consiguen un trabajo, normalmente no lo hacen bien porque no aprendieron lo necesario. ¡Han perdido el tiempo y el dinero de la matrícula!

Ahora, hablemos de lo que hace un estudiante exitoso y desglosémoslo en antes, durante y después de cada clase.

Antes de clase

Para aprender lo que se enseña en clase, hay que prepararse. Tu instructor está preparando el material que te va a entregar y tú tienes que estar preparado para lo que viene. Por lo general, tu instructor tiene una idea de lo que tratará en cada clase. A veces este programa se te entrega como un documento separado, o puede estar incluido en el programa del curso. Durante la mayor parte de mi carrera como instructor, sabía exactamente lo que iba a cubrir en cada clase, pero si había muchas preguntas, iba más despacio. Esto significaba que a veces no llegaba a cubrir todo lo que esperaba, pero eso estaba bien, ya que mi objetivo era dejar que mis alumnos aprendieran lo que yo había abordado.

Programa del curso: Anteriormente he mencionado el programa del curso. Es uno de los documentos más importantes que se te entrega al principio de cada semestre. Como mínimo, el programa incluye lo siguiente:

- Nombre del instructor, ubicación de la oficina, cómo y cuándo puedes ponerte en contacto con él (teléfono y correo electrónico, tal vez un enlace por videoconferencia en caso de contacto a distancia).
- Información sobre el curso: horario y lugar de las reuniones, requisitos previos que debes haber superado para tener éxito en este curso
- Estructura del curso: ¿Qué se tratará? ¿En qué orden? Posiblemente junto con un calendario.
- Componentes de la calificación del curso: deberes, pruebas, proyectos, exámenes, junto con las posibles fechas o el número de veces que se han realizado. Cómo se recopilará, se calificará y se le devolverán las calificaciones de cada componente y cuánto peso tiene cada componente en la calificación global del curso (por ejemplo: Deberes/cuestionarios = 15% +

Proyecto = 15% + Examen I = 15% + Examen II = 25% + Final = 30% = 100%).

- Escala global de calificaciones del curso: define cómo te asignará el profesor la calificación final del curso. Es necesario que lo sepas y que estés al tanto de tu posición en el curso en todo momento. Un ejemplo es la siguiente tabla:

90.0% - 100.0% = A
85.0% - 89.9% = BA
80.0% - 84.9% = B
75.0% - 79.9% = CB
70.0% - 74.9% = C
65.0% - 69.9% = DC
60.0% - 64.9% = D
00.0% - 59.9% = E

Muchos programas de cursos abarcan mucho más material sobre las expectativas del instructor, los recursos disponibles y las normas y reglamentos que debes conocer. Además, es probable que cada clase sea diferente de las demás en cuanto a plazos, expectativas, etc. (posiblemente, haya más variación que entre los cursos de secundaria). Es importante que prestes atención a los detalles individuales del curso que se te dan en el programa.

Debes leer cada palabra del programa del curso y familiar- izarte con él. Me contaron la historia de un profesor de música de una universidad de Tennessee que escondió un billete de 50 dólares en el campus para ver si sus alumnos leían el programa de la clase, y al final del semestre se encontró con que el billete que había guardado en una taquilla seguía allí. A veces merece la pena leer completa y detenidamente el programa :)

Gestión del tiempo: Una de las cosas más importantes que debe aprender un estudiante universitario es a gestionar su tiempo de forma eficaz. Hay muchos recursos para enseñarte a hacerlo, pero lo esencial es que tienes que darte tiempo para prepararte para clase, ir a clase y estudiar después de clase. A esto hay que añadir cualquier trabajo que hayas aceptado para pagar tus gastos universitarios. Dependiendo del número de clases que tomes y del tiempo que te lleven, no te quedará mucho tiempo para otras actividades (hacer la compra, cocinar, lavar la ropa, actividades extracurriculares, actividades sociales, etc.).

Los expertos aconsejan:

- Planificar con antelación y fijar objetivos para lo que quieras conseguir
- Elaborar una lista de tareas pendientes e ir tachándolas a medida que se completan.
- Realizar una cosa a la vez. Asegúrate de que estás concentrado en lo que tienes entre manos. Apaga cualquier distracción, como el teléfono, las notificaciones de la computadora, etc.
- Acostumbrarse a hacer las cosas a una hora determinada. Las rutinas facilitan la realización de las tareas.
- Dividir las tareas grandes en partes más pequeñas y tomarse descansos periódicamente.
- Por último, ocuparse de las cosas antes de que se vuelvan urgentes. Lo último que quieres hacer es atiborrarte de trabajo la noche anterior a la fecha

de entrega. No esperes hasta el último momento para hacer tu trabajo. Si lo haces pronto, también tendrás tiempo de mejorarlo, si es necesario, para obtener una mejor nota.

Volvamos a nuestro debate. ¿Cómo te preparas para la clase? En primer lugar, asegúrate de que tienes todo lo que necesitas llevar a clase. ¿Tienes deberes pendientes? Si tienes que entregarlos, asegúrate de que estén listos. Uno de los principales errores que cometen muchos estudiantes es no entregarlos. Normalmente, asigné un porcentaje bajo a los deberes (hasta el 10% de la nota total del curso) sabiendo muy bien que había ciertos problemas que harían que los estudiantes se hicieran más preguntas y que estas preguntas les ayudarían a entender mejor el material (recuerda, la dificultad es lo que te ayuda a mejorar el aprendizaje del material). El objetivo de los deberes era darle a los alumnos la oportunidad de practicar los conceptos tratados en clase y averiguar si habían asimilado la asignatura. Si no lo han hecho, que vuelvan con más preguntas.

Desgraciadamente, la mayoría de los alumnos no hacían los deberes o encontraban una solución en alguna parte y la copiaban. En cualquier caso, perdieron la oportunidad de aprender (es decir, empezar, atascarse, esforzarse, hacer preguntas, aprender). ¿Cómo les afectó esto? No podían enfrentarse a preguntas sencillas de un examen, ni siquiera cuando eran similares a las de los deberes asignados.

¿De qué otra forma les persiguió esto? Aunque se asignara un valor bajo a las notas de los deberes, en el caso de muchos alumnos que estaban cerca de la nota global más alta (digamos cerca de la frontera de B a A), se trataba de una diferencia de una nota. A veces, solo por no tener un punto porcentual de más, perdían la oportunidad de obtener la mejor calificación.

¿Cómo puedes prepararte para la clase? Asegúrate de llevar a clase todo el material que necesitas. En muchos cursos, los profesores hacen un examen sorpresa. Los estudiantes tienen que asegurarse de llevar bolígrafo/lápiz, papel, calculadora o cualquier otro material necesario.

Además, repasa el material que se va a tratar. Lee el próximo capítulo con antelación y toma apuntes (¿qué has aprendido? ¿Qué preguntas tienes que puedas plantear en clase?). Te sugiero que incluso intentes hacer los problemas que se te asignen como deberes. Tendrás una preparación mucho mejor para el material que viene y podrás hacer preguntas que te pondrán por delante del 99% del resto de la clase.

Por último, llega pronto a clase y siéntate adelante. No puedo decirte cuántos estudiantes llegan tarde a clase, se sientan en la parte de atrás y básicamente se desconectan del instructor y del resto de la clase. ¿Por qué perder así el tiempo?

Te contaré una historia: Estaba dando una conferencia en un gran auditorio. Había probablemente 80 estudiantes en esta clase de ingeniería de nivel inicial. Había un estudiante con la cabeza gacha y, obviamente, dormido. Mientras daba la conferencia, subí por las gradas del auditorio y llegué a la fila en la que dormía el estudiante. Conseguí colocarme justo detrás de él. Uno de sus amigos que estaba sentado a su lado le dio un codazo, se despertó y me miró con los ojos desorbitados. Le dije: "sabes, la asistencia no es obligatoria en esta clase, así que ¿por qué no duermes en tu propia habitación?". Ni se inmutó y replicó: "me gusta dormir aquí". Todos nos reímos de su respuesta y lo dejé solo durante el resto de la clase. Creo firmemente que los estudiantes universitarios deben ser tratados como adultos y se espera de ellos que se comporten como los profesionales que van a trabajar en el mundo real poco tiempo después de graduarse. Pero esa libertad conlleva la responsabilidad de sufrir las consecuencias de las malas decisiones. Ese estudiante en particular no lo hizo bien en clase. Esperemos que sepa por qué.

Durante la clase

En primer lugar, y lo más importante, debes asistir a todas las clases. **La asistencia es el principal indicador de éxito.** Cada vez que te saltas una clase, te pierdes muchas cosas impor-
tantes. Como instructor, sabía qué material tenía que cubrir. Pero después de dar la misma clase unas cuantas veces, también sabía qué material planteaba más dificultades a los alumnos y que debía presentarlo de una determinada manera para que entendieran lo que no podían aprender fácilmente del libro. Sabía qué preguntas podía esperar y las esperaba porque me daban la oportunidad de explicar la asignatura de otra manera. También intentaba dar pistas a los alumnos sobre lo que era importante y aparecería en los exámenes. Solía subrayar cosas, poner asteriscos junto a cosas que escribía en la pizarra y decir "este es un punto clave de esta clase/curso". Después de unas cuantas repeticiones, los alumnos astutos captaban mis pistas y podían predecir lo que yo consideraba importante y lo que podría aparecer en el siguiente examen.

Además, cada vez que un alumno hacía una pregunta en clase, era una oportunidad para mí de reiterar el material y hablar de un tema difícil de una manera diferente. Siempre fomentaba las preguntas porque sabía que por cada estudiante que hacía una pregunta, había otros diez que tenían la misma pregunta, pero no tenían la motivación o el valor de levantar la mano y hacerla. Así que si escuchas las interacciones pregunta/respuesta con el instructor, tienes otra oportunidad de entender mejor el material. Al faltar a clase, pierdes muchas de estas oportunidades.

Toma apuntes detallados.
Hay mucho material que se entrega en cada clase, por lo que necesitas tomar apuntes y registrar este material de manera que puedas entenderlo más tarde. En una clase normal, el profesor puede explicar un concepto que
no está bien explicado en el libro, poner problemas de ejemplo, discutir ecuaciones o conceptos difíciles de entender. Un libro típico puede omitir algunos pasos detallados en el desarrollo de un concepto o la derivación de una ecuación importante. El profesor puede completar estas lagunas. Estos vacíos son importantes y te ayudan a comprender mejor el material. Debes prestar mucha atención. Si ya has leído el capítulo que se está tratando, tendrás una idea de lo que se está discutiendo y de lo que necesitas aprender.

Muchos estudiantes toman apuntes muy superficiales. Cuando miro su cuaderno, veo unos pocos puntos aquí y allá. Tus apuntes tienen que llevarte a través de la asignatura. Tienes que captar lo que dice el profesor cuando pone el material en la pizarra. Si aprendes de forma remota, tienes que tomar apuntes. Es la mejor manera de aprender. No tienes que escribirlo todo, si te resulta más fácil escribirlo en tu laptop, hazlo. Utiliza papel si te resulta más cómodo. Usa una tablet si quieres. No importa lo que uses. Lo que importa es que tengas un registro de los conceptos importantes que tu instructor cubrió Y DIJO en clase. No tienes que escribir todo lo que te muestra o dice tu instructor, pero tienes que ser capaz de anotar los puntos importantes que unen tu comprensión del material.

Existen muchos recursos para aprender a tomar apuntes de forma eficaz. En la bibliografía se citan cinco métodos principales para hacerlo. Estos son: El método Cornell, el método del esquema, el método de mapeo, el método del gráfico y el método de la frase.

En el método Cornell, las personas que toman apuntes dividen la página en dos columnas: la columna de la derecha se utiliza para apuntes más completos y la de la izquierda para las palabras y frases esenciales. Los puntos importantes que se destacan en un texto o una conferencia suelen escribirse en pocas palabras y se incluyen en la sección de apuntes. Los alumnos utilizan la sección de palabras clave para anotar las preguntas pertinentes y los puntos clave cuando revisan sus apuntes después de clase. Los alumnos pueden resumir el material debajo de las dos columnas, lo que les proporciona una zona cómoda a la que recurrir cuando repasen sus apuntes.

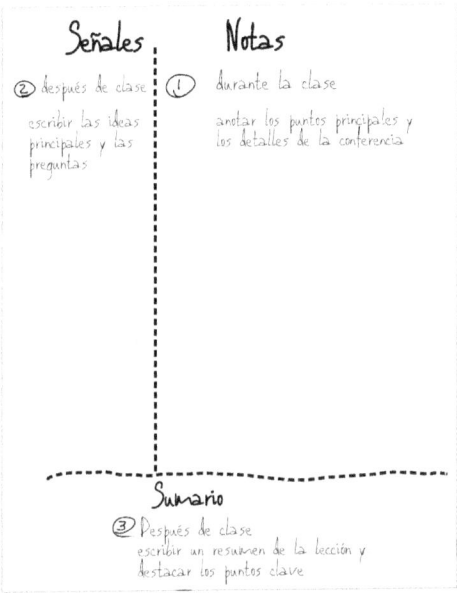

El método Cornell: *El mejor para comprender ideas/relaciones clave.*

IEn el método del esquema, la información se presenta de forma lógica. En una página, los puntos importantes de la conferencia se sitúan en el extremo izquierdo. Cada tema va seguido de subtemas separados por una sangría a la derecha. También a la derecha del nombre del subtema se deja un espacio para incluir detalles de apoyo, notas y preguntas debajo de cada subtema. El método del esquema proporciona un formato muy estructurado y lógico que necesita pocas modificaciones o evaluaciones posteriores a la clase. Este método también es muy útil para los alumnos que necesitan retener y procesar mucha información.

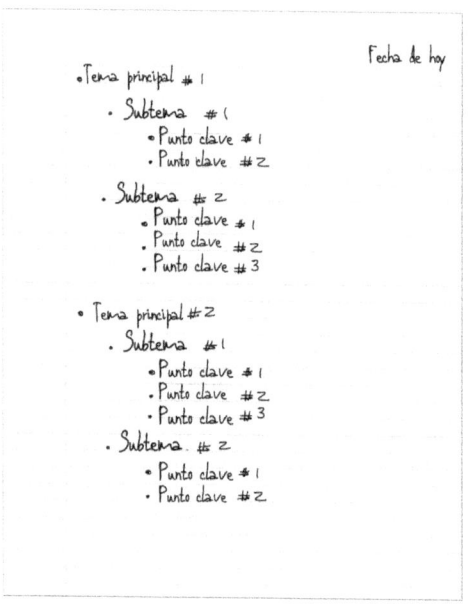

El método del esquema: El mejor para crear preguntas de estudio para repasar.

En el método de mapeo los alumnos comienzan un mapa mental esbozando el tema principal. A partir de ahí, se desarrollan subtemas a partir del tema principal. Además de los subtemas, los alumnos anotan cualquier detalle o duda relevante. A medida que avanza este proceso, se va formando una red de ideas, temas y pensamientos interconectados. Se sugiere utilizar colores para acentuar y resaltar la información. A los alumnos les puede resultar beneficioso repasar el material después de clase y reescribir sus apuntes de forma más lógica y comprensible. Otra ventaja del mapeo es que puede utilizarse como complemento de otras técnicas de toma de apuntes. Esta técnica puede resultar muy atractiva para quienes aprenden visualmente.

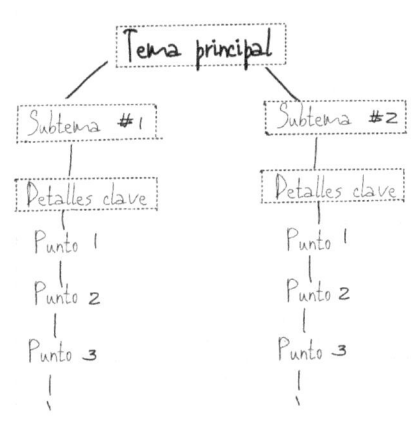

El método del mapa: El mejor para visualizar temas/ideas conectados.

En el método del gráfico, antes de la clase, los alumnos identifican el material que se tratará en las clases y dividen una página en columnas, cada una de ellas encabezada por una frase pertinente. Los que toman apuntes escriben los conceptos y palabras clave de la clase en las columnas correspondientes. Este método es ideal para las asignaturas que requieren mucha memorización (pero exige una preparación previa). Este método funciona bien cuando se trata de clases que tienen un marco predecible y una presentación homogénea de la información.

El método de los gráficos: El mejor para repasar muchos datos.

En el método de las frases, los alumnos anotan las ideas, la información y los temas nuevos en forma de frases completas, numerando cada frase a medida que avanza la clase. El formato es sencillo y no tiene las restricciones físicas de los cuadros y recuadros. Esta técnica es ideal para escuchar rápidas lecturas que abarcan mucho material. Los alumnos asimilan y resumen el material en tiempo real y en sus propios términos, lo que la convierte en una gran herramienta para recordar la información de una clase menos estructurada. Este método le proporciona a quien toma los apuntes un resultado final más desarrollado, claro y comprensible que los apuntes que se limitan a recopilar palabras y frases.

El método de las frases: El mejor para tomar notas rápidas y sencillas.

Puedes profundizar más en los distintos métodos para

tomar apuntes y decidir cuál se adapta a tu estilo y al tipo de clases en las que es más probable que estés. Hay buenas fuentes entre los libros disponibles en Amazon. Enumeraré algunos recursos en la última sección de este libro.

Lo más importante es que te asegures de anotar todos los plazos de entrega de trabajos, deberes, proyectos, etc., y de saber cuándo se espera que hagas un examen en clase. No sabes cuántas veces me he encontrado con estudiantes que no cumplían los plazos porque no prestaban atención en clase o no llevaban un buen registro (esto también está estrechamente relacionado con el programa del curso: muchos de estos plazos pueden estar ya detallados en él). ¡¿Cómo crees que vas a funcionar en tu futuro trabajo si no puedes recordar cuándo se supone que tienes que entregar las cosas a tu jefe?!

Como he mencionado antes, cada clase será probablemente diferente de las demás que el estudiante esté tomando en términos de plazos, expectativas, etc. Es importante prestar atención a los detalles de cada curso que figuran en el programa.

Participar, hacer preguntas. No puedo insistir lo suficiente en este punto. En la mayoría de mis clases, los mejores alumnos eran los que se sentaban en las tres o cuatro primeras filas y participaban intensamente en la clase. Aunque es la mejor posición para mantener la concentración,  a muchos estudiantes parece no gustarles sentarse adelante de la clase. Pueden sentirse vulnerables o preocupados porque el profesor pueda ver si están prestando atención o no. Pero eso no es tan terrible si tu objetivo es tomar apuntes de forma más eficaz, ¿verdad? Piensa en esto: en un concierto, ¿preferirías sentarte en primera fila o en la parte trasera del palco? Trata cada clase de la misma manera. Deberías sentarte en la parte delantera para disfrutar de una experiencia más envolvente.

Los estudiantes que lo hacían solían hacer preguntas y se aseguraban de entender el material antes de salir de clase. Les agradecí su participación porque 1) me ayudaban a impartir mejor la asignatura haciéndome saber (con sus preguntas) que mis explicaciones no eran suficientes, y 2) ayudaban a sus compañeros a comprender mejor el contenido. ¡Lo último que uno quiere hacer en clase (después de haber pagado una matrícula muy cara) es sentarse a escribir o ver videos mientras el profesor expone el contenido!

Después de clase

La regla de oro. En general, debes calcular 3 horas de trabajo fuera de clase por cada crédito que tenga el curso. Por tanto, si cursas una asignatura de 3 créditos, deberás dedicar un mínimo de 9 horas de trabajo semanal fuera de clase. Mientras que en secundaria te daban tiempo para estudiar en clase, en la universidad se espera que estudies después de clase. De nuevo, volviendo a la idea de que "ir a la universidad es un trabajo a tiempo completo", tienes que planificar este "trabajo" con un mínimo de 40 horas a la semana, si no más. De hecho, muchos estudiantes exitosos dedican muchas más horas de estudio que el mínimo mencionado anteriormente.

Repasar los apuntes de clase y el libro el mismo día. Cuando era estudiante, solía tomar una serie de apuntes a mano en clase y luego volvía a casa y esa misma tarde, reescribía esos apuntes de forma organizada y más legible. Utilizaba bolígrafos de colores para resaltar los puntos importantes para mí. Reescribirlos me ayudó a ver el material una vez más y a entenderlo mejor. Puedes hacerte un resumen de la clase del día. Si trabajas con un amigo que asiste a la misma clase, pueden retarse mutuamente a repasar la lección y enseñársela el uno al otro. Ese mismo día tienes que repasar la lección para reforzar el nuevo material. Esto también te generará más preguntas que podrás plantear al profesor en la próxima ocasión.

En muchos cursos, el instructor discutirá un problema de ejemplo en particular. Tú sabes que estuviste ahí (en clase) y observaste al instructor hacer el trabajo delante de ti. NO asumas que ahora eres capaz de hacer lo mismo. Tapa la solución y resuelve el ejemplo que se trabajó en clase de principio a fin por ti mismo. Haz esto también para cualquier problema de ejemplo que esté en tu libro. Solo cuando seas capaz de resolver completamente el problema por ti mismo sin mirar la solución, y que sientas que entiendes claramente lo que estás haciendo y por qué lo estás haciendo, pasa a la siguiente sección.

Comenzar con los deberes. Ahora que comprendes mejor el material, es el momento de ponerlo en práctica. Si te han asignado deberes, tienes que intentar resolverlos. No trabajes con otros estudiantes. Resuélvelos tú solo. Descubrirás lo que te falta por aprender y las lagunas en tus conocimientos. Toma nota de lo que te falta por aprender y trata de llenar esas lagunas consultando tus apuntes, tu libro, lo que puedas encontrar en Internet, las conversaciones con los miembros de tu grupo de estudio y con tu profesor.

Asegúrate de que tus presentaciones sean legibles y sigan las directrices de formato establecidas por el profesor del curso. Si no se puede leer o entender, no se puede calificar. Debes asegurarte de que tus tareas están organizadas y son fáciles de entender. En algunas de mis clases, exigí que las soluciones de los deberes se entregaran en un papel específico y con un formato en el que el enunciado del problema, las hipótesis y las soluciones estuvieran claramente separadas. Incluso exigí que la solución final del problema estuviera en un recuadro. Estas directrices me ayudaron a calificar los trabajos con precisión. Los alumnos perdían puntos por no seguir estas directrices.

Formar un grupo de estudio.  Encontrar algunas personas con las que poder estudiar. Este no es un medio para copiar las soluciones de otros. Aquí es donde tú y tus compañeros discuten sus preguntas sobre la comprensión básica del material del curso y tratan de utilizar sus recursos combinados para responderlas. Las claves del éxito de un grupo de estudio son:

- The group should not be too large since too many people will El grupo no debe ser demasiado grande, ya que demasiadas personas tendrán conflictos de tiempo.
- Establecer una hora de reunión periódica en la que todos puedan estar presentes.
- Realizar la mayor parte del trabajo por tu cuenta antes de que se reúna el grupo. Se trata de una reunión y tienes que asistir preparado.

- Mantente alejado de los que solo se fijan en la solución de los deberes. Encuentra a alguien que quiera estudiar contigo las ideas del curso.
- Enseñar a otra persona: explicar a los demás es la mejor manera de aprender. Cuando discutes el material del curso, acabas explicando lo que crees que has aprendido. Si puedes enseñárselo a los miembros de tu grupo de estudio, es que realmente dominas el material.

Asistir a las horas de consulta o a las tutorías. En todas mis clases universitarias, los profesores me daban una lista de sus horas de consulta al principio del semestre y podía contar con que estarían en su oficina durante esas horas. En algunas universidades, los profesores están obligados a esas horas de consulta como requisito de su trabajo. Aprovecha estas horas. Muchos estudiantes se sienten intimidados por los profesores. Tu profesor representa claramente a una persona con autoridad y eso puede ser intimidante, pero no es razón para no aprovechar este gran recurso. Puede dar miedo, pero tienes que hacerlo de todos modos. Te resultará más fácil y llegarás a disfrutarlo. Esta es tu oportunidad de conocer mejor al profesor, en una interacción directa y personal.

Asiste preparado. Lo último que quiere ver un profesor (que espera en su oficina hasta altas horas de la noche) es que te presentes sin estar preparado y pidiendo que te den las respuestas sin hacer ningún esfuerzo. Cuando un estudiante se presentó en mi oficina y fue capaz de mostrarme el trabajo que ya había hecho y guiarme a través de las partes de la solución en las que se había atascado, yo estaba más que feliz de darles la orientación que necesitaban. Y lo que es más importante, las respuestas que les di tenían sentido para ellos porque ya habían estado buscando la solución.

Incluso si no tienes preguntas específicas, puedes beneficiarte de escuchar las preguntas de otros estudiantes en la hora de consulta.

Proyectos de grupo. Muchos cursos de nivel superior asignan proyectos de gran envergadura cuya realización puede llevar semanas o todo el semestre. Dado que la mayoría de las universidades preparan a los estudiantes para el mundo real, en el que los proyectos se realizan en equipo, muchos de ellos se asignan a grupos de estudiantes. El resultado de estos proyectos puede ser un informe formal detallado y una presentación. Estos proyectos suelen constituir una gran parte de la nota del curso. Los problemas típicos a los que se enfrentan los estudiantes son:

- Compañeros de equipo poco motivados o con malos hábitos de trabajo
- Procrastinación: esperar hasta el último minuto para trabajar en el proyecto
- Malinterpretar lo que se espera
- Trabajo de mala calidad

Entonces, ¿qué tienes que hacer para tener éxito?

- Si puedes, asiste a clase sabiendo ya quiénes serán tus compañeros de proyecto. Si tienes la opción de elegir a tus compañeros de equipo, querrás estar preparado.

- Empieza pronto: inmediatamente después de que te asignen el proyecto, debes ponerte en marcha.
- Clarifica las expectativas (con la ayuda del profesor y de otros estudiantes)
- Es importante que decidas si tienes que aprender cosas nuevas para completar el proyecto. En muchas clases, es probable que tengas que aprender un nuevo software para completar el proyecto con éxito. ¡Ponte manos a la obra al respecto cuanto antes!
- Divide el proyecto en partes más pequeñas y repártanlas entre los miembros del equipo. Los proyectos grandes tienden a abrumar a los alumnos. Hay que dividirlos en pequeños fragmentos para que sean manejables. Cada miembro del equipo puede asumir la responsabilidad de una entrega o sección específica del proyecto, incluso si varias personas contribuyen a esa sección.
- Márcate un calendario que te dé tiempo a quedarte atascado. Trabaja hacia atrás desde la fecha de vencimiento del proyecto y decide qué hay que completar. Pon fechas a estos hitos y asegúrate de que todos los miembros del equipo estén de acuerdo con ellas.
- Lo que cuenta no es cuánto tiempo has empleado, sino la calidad del trabajo que entregas al final. No te imaginas la cantidad de estudiantes que entregan un trabajo de mala calidad y luego afirman que han trabajado muy

duro y que esto es todo lo que han conseguido. Por lo general, esto significa que planificaron mal y gestionaron mal su tiempo (malgastaron su tiempo en cosas triviales).

Sobre todo, quiero que recuerdes que a tu profesor le interesa enseñarte la asignatura. Quiere que aprendas. Teniendo en cuenta que te estás esforzando, hará todo lo posible para que aprendas.

CONOCE A TU INSTRUCTOR

Nunca confundas conocimiento con
comprensión

L os conocimientos se adquieren en una clase o leyendo
un libro, la comprensión se adquiere resolviendo
problemas prácticos o hablando con el profesor en su
oficina.

Dedicaré más tiempo a esta sección porque creo que tu

profesor es el mejor recurso para tu éxito. Debes procurar acudir a su consulta fuera de clase a lo largo del semestre. No seas el estudiante que se presenta en su oficina solo cuando tiene una queja o quiere pedir más puntos en su examen. Quieres conocer a tu instructor y quieres que tu instructor te conozca a ti. Siempre sugiero que conozcas muy bien a 2 o 3 de los profesores de tu carrera: pueden ayudarte con consejos sobre las clases (las suyas y las de otros), prácticas, trabajos, etc. e incluso servirte de referencia o proporcionarte cartas de recomendación cuando las necesites.

Me gusta decirles a los estudiantes que los profesores también son personas. Hoy en día, los profesores están sometidos a mucha presión. Una universidad de investigación típica exige que cada profesor, titular o no, investigue, enseñe bien y preste distintos tipos de servicios a la universidad.

El componente de investigación suele ser el que requiere más tiempo. Esto puede significar que tu profesor dirija el trabajo de unos cuantos estudiantes de posgrado que necesitan dirección para su trabajo (requiere reuniones periódicas con estos estudiantes), que escriba y publique artículos de investigación, que vaya a conferencias y presente su trabajo de investigación, y que escriba muchas solicitudes de subvención para poder apoyar a estos estudiantes de posgrado. La mayoría de las universidades de investigación ponen un gran énfasis en evaluar a tu profesor, basándose en cuántos dólares de subvención ha conseguido y cuántas publicaciones ha tenido (la mayoría de las universidades de renombre y muchas de las aspirantes son así). Tu profesor perderá definitivamente su trabajo si lo único que enfatiza es su enseñanza y descuida la investigación.

Tiene que dar clases, hacer un buen trabajo y además participar en comités y servir a la universidad de muchas otras maneras. Como ves, tiene mucha presión.

Dicho todo esto, un profesor típico:

- Ha trabajado duro para estar donde está. En la mayoría de las universidades acreditadas, a un profesor se le exige un doctorado para poder enseñar. Eso lleva mucho tiempo conseguirlo y es posible que haya pasado por una estructura de clases y un sistema de calificaciones similares a los que tú estás pasando ahora. Es posible que algunos de tus profesores se hayan licenciado en universidades de fuera de EE.UU. con normas drásticamente diferentes (a veces mucho más estrictas). En cualquier caso, le ha costado mucho esfuerzo llegar al punto de estar delante de tu clase impartiéndote la asignatura.

- Quisiera hacer un bien a los estudiantes. Muchos de tus profesores podrían ganar mucho más trabajando en la industria dentro de su profesión. La mayoría están ahí para enseñar y orientar a los estudiantes. Es una auténtica pasión para la mayoría de ellos. Cuando dejé mi puesto en la industria y tomé mi puesto académico, sufrí una reducción salarial del 35% [Esta diferencia no es la misma para todas las carreras. Sólo fue mi experiencia].

- Le gustaría que su tiempo se utilizara de forma adecuada y eficiente. Como ya he explicado, tu profesor tiene que hacer muchas cosas, por lo que la gestión del tiempo es fundamental para él. Así que no te sorprendas si se ciñe a las horas de consulta y no va a reunirse contigo cada vez que decidas ir a su oficina.

- Tras muchos años de docencia, ha desarrollado un sistema de enseñanza que cree que funciona para él y sus alumnos. La mayoría de los profesores están continuamente mejorando el material de sus cursos e ideando mejores formas de enseñarlo. También saben dónde tienen dificultades los estudiantes y qué preguntas suelen hacerles.

- Le gustará que alguien haga una pregunta que demuestre que está interesado y reflexionando sobre el material tratado. Sin embargo, preferirá que hagas preguntas en clase, pero que no interrumpas el flujo establecido. Espera a que haya un punto de interrupción o levanta la mano y aguarda a ser llamado.

- Le gustaría escuchar tus sugerencias constructivas para mejorar el curso durante el semestre. Fíjate en la palabra "constructivas". Asegúrate de dirigirte a tu profesor expresando claramente tu intención de dar sugerencias para mejorar las cosas, en lugar de empezar con una larga lista de tus quejas y críticas.

Lo que <u>no</u> le gusta a la mayoría de los profesores es:

- Estudiantes que no siguen las directrices que se les han comunicado en múltiples ocasiones.
- Preguntas constantes sobre "¿estará esto en el examen?". A un profesor normal no le interesa hacerte perder el tiempo, así que asume que si el material está cubierto, ¡estará en el examen!

- Preguntas de última hora sobre deberes/exámenes/proyectos que podrían haberse resuelto en clase o antes de la fecha límite.
- Regatear los puntos de los deberes y los exámenes. Como profesor, a veces se me acercaban alumnos que pedían más puntos que no se merecían. Me parecía muy injusto que estos estudiantes esperaran que yo le diera puntos inmerecidos a un estudiante porque lo pedía/insistía y no se los diera al resto de la clase. Soy consciente de que nosotros (los profesores) cometemos errores, así que, si eso ocurre, por favor, asegúrate de señalarlo de forma respetuosa. Un profesor que está corrigiendo cientos de exámenes puede cometer un error y está bien señalarlo. No te dejes intimidar. Si el profesor cometió un error, estás en tu derecho de pedirle que lo corrija o que te explique que no fue un error y que el resto de la clase fue calificada de la misma manera por ese mismo error. Te animo a que seas firme pero respetuoso. Sin embargo, evita hacer peticiones irrazonables sin una justificación.

Una vez más, quiero hacer hincapié en que tu profesor está de tu lado y siempre te está apoyando para que aprendas mejor el material del curso. Trátalo con respeto y como un guía que está ahí para ayudarte.

5

REALIZAR EXÁMENES CON ÉXITO

E n todos los cursos, la fecha del examen se anunciará con una o dos semanas de antelación. Es importante que gestiones bien tu tiempo y te prepares para el examen. ¿Cómo puedes hacerlo?

- Empieza a prepararte con tiempo. Al menos una semana antes de la fecha del examen, deberías estudiar para el examen.
- Repasa tus apuntes e identifica los puntos clave. Recuerda que te he dicho que, cuando repases

los apuntes de clase, debes identificar los puntos clave. Ahora tienes que repasarlo todo y comprender realmente todos esos puntos clave. No te estoy diciendo que te limites a mirar tus apuntes. Se trata de un proceso activo (en otras palabras, tienes que pasar a la acción). Hay diferentes maneras de hacerlo. La estrategia que yo utilicé durante la mayor parte de mi carrera como estudiante fue escribir un resumen con mis propias palabras. Utilizaba bolígrafos de distintos colores para resaltar los puntos que quería recordar. Puedes hacer preguntas sobre las ideas clave de tus apuntes, rellenar los espacios en blanco u organizarlos en grupos o secciones. Desafíate a ti mismo a recordar cómo progresa el material del curso desde un tema general a otros más específicos. Algunas personas hacen fichas con los temas importantes. Puedes colocar el tema general en un lado y escribir los detalles sobre ese tema en la parte de atrás y retarte a ti mismo a recordar los detalles.

- Utiliza tu grupo de estudio. Asegúrate de reunirte en grupo y discutir los puntos importantes del material que se incluirá en el examen.

- Resuelve todas las tareas clave sin mirar las soluciones. Para preparar los exámenes, utiliza tus apuntes para crear una guía de estudio y autoevaluarte. Intenta reproducir las condiciones del examen dándote un tiempo limitado y utilizando solo el material que tu instructor te permita usar en el examen (calculadora, cualquier apunte/libro permitido en el examen, etc.). Además, resuelve los problemas como lo harías en el examen, por ti mismo.

- Busca exámenes antiguos o ponte en contacto con estudiantes que hayan asistido antes a la misma clase con tu profesor para ver qué te dicen sobre el estilo del examen. Algunos profesores te proporcionarán ejemplos de sus exámenes. Esto puede ser muy útil. Si esto no es posible, puedes consultarle al profesor de tu curso si estaría dispuesto a publicar un examen anterior para que la clase lo revise. Esta es una parte importante de tu preparación. Lo último que quieres es llevarte una sorpresa.

- Gestiona tu tiempo durante el examen: ¡determina tus prioridades! Hacer un examen es una habilidad. Muchos estudiantes lo empiezan y pierden la noción del tiempo. Antes de que se den cuenta, se les ha acabado y todavía no han contestado a algunas de las preguntas. Lee todo el examen una vez. Mira cuántos puntos vale cada problema. Contesta primero a los que tengan más puntos. No le dediques todo tu tiempo a uno solo. Controla tu tiempo. Muchos de tus profesores te darán "algún" crédito por el trabajo parcial realizado. En ese caso, aunque te atasques y no respondas a una pregunta en su totalidad, recibirás un crédito parcial. Pasa a otras preguntas e intenta responderlas. Te conviene dejar algo de tiempo de examen para revisar tus respuestas y completarlas. Tienes que probar diferentes enfoques para hacer el examen y ver cuáles te funcionan. Además, el mismo enfoque no funcionará en todos los cursos. Dependiendo de la asignatura, es posible que tengas que utilizar un método diferente.

- Otras cosas que puedes hacer durante la prueba son:

  * Llegar temprano y tomarte un momento para acomodarte (colocar delante de ti todo el material que necesites durante el examen) y relajarte.
  * Escuchar atentamente las instrucciones de último momento del instructor.
  * Leer atentamente las instrucciones del examen (puede que te den 5 problemas, pero solo debas resolver 3 de ellos).
  * Planificar el tiempo que dedicarás a cada problema.
  * Prever tiempo para revisar tu examen. Asegúrate de tener margen para terminar el examen antes de que se acabe el tiempo asignado, de modo que puedas repasar tus respuestas.

Después del examen. Asegúrate de evaluar tu rendimiento. ¿Qué ha funcionado? ¿Qué no ha funcionado? Averigua en qué aspectos tienes dificultades y necesitas mejorar. Habla con el profesor y pídele sugerencias sobre lo que puedes hacer de forma diferente para obtener una mejor nota.

Si crees que tu examen no fue calificado correctamente, identifica lo que crees que fue un error, lleva el examen contigo y sé específico sobre tus puntos. Prepárate. Además, dirígete a tu profesor para plantearle cualquier duda en el plazo de una semana tras la devolución de los exámenes. ¡No esperes al final del semestre para abordar esta cuestión!

6

TUS CALIFICACIONES IMPORTAN

"Aquí está mi boletín de notas y aquí mi
descargo de responsabilidad personal."

Tus calificaciones importan y eres responsable de ellas

Es tu responsabilidad llevar un registro de las calificaciones de tus cursos. En un curso normal, recibirás un programa al principio del semestre. Tu profesor describirá su escala de calificaciones (por ejemplo, 90% o más es una A) y el peso de cada componente del curso (por ejemplo, los deberes son el 10%, 3 exámenes constituyen el 60% y el examen final vale el 30% de tu nota total, sumando el 100%). Deberás llevar tu propio registro y compararlas periódicamente con las del profesor del curso, para poder resolver cualquier discrepancia. En muchas clases, hay numerosas tareas y es necesario llevar un registro de las calificaciones obtenidas en todas ellas. Algunos profesores utilizan un tablero electrónico para llevar el registro de las calificaciones. Compruébalo a menudo. Tu profesor puede equivocarse al poner tu calificación y tienes que poder decírselo.

Cómo calcular tu GPA

¡Tu GPA importa! ¡Y mucho!

Tu GPA (*Grade Point Average* o promedio de calificaciones, en español) se calcula realizando un promedio de todas tus calificaciones de la asignatura. Normalmente, tienen un valor fijo (A=4,0, B=3,0, C=2,0, D=1,0, F=0,0). Si acabas de empezar y al final del primer semestre has completado 4 cursos con las siguientes calificaciones:

Curso 1, 4 créditos: A
Curso 2, 3 créditos: C
Curso 3, 2 créditos: D
Curso 4, 3 créditos: B

Para cada curso, puedes calcular el valor de la nota multiplicando el número de créditos por el valor de la calificación recibida. Así, para el Curso 1, tendrás $4*4,0=16,0$

puntos de calificación, para el Curso 2 obtendrás 3*2,0=6,0 puntos de calificación, para el Curso 3 obtendrás 2*1,0=2,0 puntos de calificación, y para el Curso 4 obtendrás 3*3,0=9,0 puntos de calificación.

Puedes calcular tu GPA semestral sumando estas cifras y dividiéndolas por el número total de créditos. De este modo,

$$(16.0 + 6.0 + 2.0 + 9.0) / (4+3+2+3) = 2.75$$

Este es el GPA de tu semestre calculado sobre 4,0, por lo que se escribe como 2,75/4,0. Conforme avances en tus estudios, este número irá evolucionando y deberás mantenerlo actualizado. Cuando empieces a buscar trabajo, la mayoría de las empresas se fijarán en tu GPA general (y algunas también en el GPA de tus asignaturas principales).

Aquí tienes otro ejemplo de este cálculo:

Curso	Créditos horas	Nota	Puntos de calificación
Biología	5	A	20
Laboratorio de biología	1	B	3
Inglés	3	C	6
Matemáticas 1	4	F	0
Química	3	B	9
	16		38

16 Total de créditos intentados
38 Calificación total obtenida

$$GPA = \frac{38}{16} = 2.375 / 4.0$$

Ejemplo de cálculo del GPA

Algunas instituciones pueden tener una escala de califi-caciones que llega hasta 5,0 puntos. En una de ellas, la escala de calificaciones era A=4,0, BA=3,5, B=3,0, CB=2,5, C=2,0, DC=1,5 y D=1,0. Tendrás que familiarizarte con el sistema de calificaciones de tu institución y ser capaz de calcular tu propio GPA.

Evita asumir una gran carga de trabajo en los cursos que pueda afectar a tu GPA. Hay veces en que ciertas clases te quitan mucho tiempo. Tendrás que entender cuál es la mejor manera de combinar tu carga de trabajo para poder hacer frente a estas clases. Yo recomendaría que tomes algunas de tus clases que requieren menos trabajo con una o dos de las clases con una carga de trabajo pesada. ¿Cómo saber qué clase requiere más trabajo? Tienes que ponerte en contacto con tus compañeros de clase y preguntar. También puedes preguntar a tu asesor académico o ir a visitar al instructor del curso y preguntarle por los deberes/proyectos/exámenes y la cantidad de material que se tratará. También puedes pedirle al profesor el programa del semestre anterior.

No dejes que tu trabajo interfiera con los estudios. Muchos estudiantes tienen que trabajar para llegar a fin de mes. Tendrás que hacer malabarismos con muchas cosas al mismo tiempo, así que ten cuidado de no bajar tu nota media porque trabajes demasiadas horas. A veces, tendrás que trabajar menos horas. Otras veces, tendrás que trabajar más y cursar menos créditos. A muchos estudiantes les resulta difícil encontrar el equilibrio. Si estudias a tiempo parcial, es posible que no cumplas los requisitos de la ayuda económica o el seguro médico. Por otro lado, puede que necesites trabajar para poder pagar tus gastos. Asegúrate de que entiendes todas las implicaciones y consecuencias de tus decisiones. Habla con los asesores financieros y académicos de tu centro de estudios.

7

OTRAS CLAVES PARA TU ÉXITO

En los capítulos anteriores he tratado varios puntos clave relacionados con tu éxito. Sin embargo, hay otros factores que pueden contribuir a él. Los trataremos a continuación.

Cuando terminen las clases. Muchos estudiantes desechan el material del curso cuando lo terminan. Esto es un error. En muchas carreras, los cursos se basan unos en otros. En Ingeniería, se estudia Estática antes que Dinámica, y antes que...

El conocimiento del curso anterior es esencial para el éxito en el curso siguiente. Deberás guardar tus apuntes y otros materiales para poder revisarlos cuando los necesites. Personalmente, organizo todos mis apuntes en un lugar siempre accesible (en una carpeta física o digital). No sabes la de veces que he tenido que recurrir a ellos. ¡¡¡Recuerdo que incluso cuando empecé a dar clases, volví a consultar algunos de mis apuntes de los cursos de licenciatura!!!

Pide ayuda cuando la necesites. Lo primero y más importante es que sepas que todo el mundo necesita ayuda a veces. Habrá momentos en los que te sientas abrumado. La vida puede ponerte las cosas difíciles. He tenido estudiantes que han perdido a un familiar cercano durante el curso, que han sufrido un accidente, una ruptura sentimental, una depresión grave o un problema de aprendizaje. Es tu deber buscar ayuda. Si te estás quedando atrás en una clase, tienes que comunicárselo a tu profesor y a tu asesor académico y pedir ayuda. Se puede hacer mucho para ayudarte si hablas un mes antes de empezar el curso. Pero si esperas hasta justo antes del examen final, en la mayoría de los casos, no le estás dando a tu institución la oportunidad de ayudarte. Hoy en día, las universidades cuentan con numerosos sistemas para ayudar a los estudiantes que tienen problemas. Sin embargo, el primer paso es reconocer que tienes un problema y buscar ayuda.

Conoce a tu asesor académico: En este sentido, debes asegurarte de que conoces a tu asesor académico. Esta persona puede remitirte a los recursos que necesites. Con la ayuda de tu asesor, también puedes planificar tus estudios (saber qué cursos vas a cursar cada semestre hasta que te gradúes) e inscribirte en las clases en cuanto puedas. Debes conocer las fechas de alta y baja de tus cursos. Si tienes problemas y no puedes recuperarte, abandonar una asignatura puede ser tu mejor opción. Sin embargo, si decides abandonar una asignatura después del último día en que está permitido hacerlo, puede que no sea  posible y ahora te encuentres con una asignatura que sabes que no puedes afrontar.

Tu asesor también puede indicarte otros recursos universitarios que puedas necesitar. Uno de ellos son los servicios para estudiantes discapacitados. La mayoría de las universidades aceptan estudiantes con discapacidades (de aprendizaje o físicas). Si sospechas que sufres una forma de discapacidad que no se ha abordado antes, averigua dónde puedes obtener ayuda y consíguela cuanto antes.

Consigue un buen asesoramiento. Muchos estudiantes se matriculan en clases sin tener un conocimiento claro de cómo encaja la clase en su carrera o plan de estudios. ¿Te ayudará esta clase a graduarte con el título que deseas? En muchas universidades, la oficina de asesoramiento es el lugar al que acudir para obtener este tipo de ayuda. Pagas un buen dinero a tu institución y necesitas tener la seguridad de que las clases que te orientan a tomar son las adecuadas para ti. Te aconsejo que te reúnas con el asesor de tu carrera al menos una vez al año (si no una vez por semestre). Tu asesor de programa puede ser un profesional que asesora a los estudiantes a tiempo completo, o puede ser uno de los miembros del profesorado del departamento o de la universidad en la que te estás especializando.

Siempre que sea posible, pídeles consejo por escrito. A veces, un asesor se equivoca y retrasa tu graduación. Esto no significa que sean incompetentes. En muchas universidades, un asesor es responsable de cientos de estudiantes. El trabajo puede resultar abrumador. Si tienes su orientación por escrito, puedes volver y pedir una posible excepción a las normas y (a veces) te la concederán. La idea no es intentar eludir el sistema. Consigue un buen asesoramiento, síguelo y gradúate en el menor tiempo posible.

Otra fuente de información es el catálogo de la universidad. Suele encontrarse en Internet. Contiene información útil y documentada sobre la secuencia de los cursos, los requisitos previos y los requisitos de graduación. Asegúrate de conseguir una copia del catálogo que estaba vigente cuando empezaste tu carrera y estudia las partes que sean relevantes para tu titulación.

La gestión del tiempo es clave. Muchos estudiantes no saben priorizar lo que es importante y lo que no. Normalmente, la falta de tiempo no es el problema, sino tener las prioridades poco claras. ¿Qué es lo más importante para ti? Tu trabajo mientras estás en la universidad es graduarte con el mejor GPA posible en el menor tiempo posible (menor coste/deuda). Tendrás que compaginarlo con tus actividades de ocio y extracurriculares. No puedo enfatizar lo importante que es esto. Hay muchos libros sobre la gestión del tiempo, pero en última instancia tienes que averiguar lo que es importante para ti.

Prácticas y estudios en el extranjero. Muchos estudiantes buscan unas prácticas de verano en su especialidad. Estas prácticas son importantes. En primer lugar, podrías cobrar (la mayoría de las prácticas de ingeniería pagan bien). En segundo lugar, estás adquiriendo experiencia real en tu campo y no tardarás en averiguar si te gusta trabajar en él. Es mejor descubrirlo mientras estás estudiando y puedas hacer ajustes en tu especialidad que cuando ya te hayas graduado. En tercer lugar, unas prácticas de verano en tu especialidad te ayudarán a elaborar un currículum que te ayudará a conseguir trabajo después de graduarte. Los empresarios buscan a alguien que pueda llegar y empezar a trabajar. Una persona que ha tenido la experiencia de trabajar a tiempo completo durante 3-4 meses durante el verano se considera un fichaje mucho mejor que uno que no tiene la misma experiencia.

También te animo a que estudies en el extranjero si tienes posibilidades de hacerlo y puedes permitírtelo. El entorno laboral actual es muy internacional e intercultural. La mayoría de las empresas tienen oficinas en distintos países y tendrás que trabajar con personas de todo el mundo. La experiencia de estar expuesto a otras culturas es muy enriquecedora y puede resultarte beneficiosa en tu carrera.

Lo más probable es que tu universidad tenga una oficina dedicada a ayudar a los estudiantes a encontrar prácticas u oportunidades de estudiar en el extranjero. Pueden estar en una misma oficina o en oficinas diferentes. Tu asesor puede dirigirte al lugar adecuado y ayudarte con la transferencia de créditos entre el destino de tus estudios en el extranjero y tu universidad.

Perfecciona tus habilidades de comunicación. Mientras estés en la universidad, tendrás muchas oportunidades de presentar tu trabajo de forma escrita u oral. Esta es tu oportunidad de mejorar estas habilidades. En los estudios se aprende y se mejora. Cuando vayas a trabajar, se espera que seas capaz de comunicarte con una gran variedad de personas (compañeros, jefes, clientes, público en general, etc.). Una buena capacidad de comunicación es absolutamente necesaria en el trabajo. Recuerdo haber trabajado con un ingeniero con poca experiencia al que le ofrecieron un ascenso. Cuando se dio cuenta de que tenía que redactar muchos informes y presentar su trabajo semanalmente, rechazó el ascenso. No estaba seguro de poder hacerlo y eso perjudicó su carrera a largo plazo.

LLAMADO A LA ACCIÓN

Si has llegado hasta aquí y te ha gustado este libro, te agradecería que dejaras una reseña favorable.

En tu kindle o e-reader, desplázate hasta la parte inferior del libro y desliza el dedo hacia arriba para que puedas dejar una reseña.

Gracias por tu amabilidad.

8

CONCLUSIÓN

Cómo tener éxito en los cursos universitarios

Muchos estudiantes se me han acercado con preguntas. A continuación expondré una estrategia que suelo recomendarles.

Asistir a todas las clases

No asistir a las clases es uno de los principales indicadores de que un estudiante va a tener problemas en el curso. Si eres capaz de saltearte las clases y aprender el material por tu cuenta, considero que es una habilidad valiosa. Sin embargo, la mayoría de los estudiantes no entran en esta categoría. Creen que conocen la materia hasta que llega el momento del examen. Asistir a las clases va a ser absolutamente fundamental. Acude a las clases, toma apuntes detallados, haz preguntas y participa todo lo que puedas. Si no estás seguro de la relevancia del tema tratado para tu carrera o tu profesión, pide aclaraciones o ejemplos de la vida real. El contexto más amplio te ayudará a comprender mejor el tema.

Repasar los apuntes de clase y el libro

Después de una clase, dedica un rato de la tarde o la noche a repasar los apuntes. Repásalos y piensa en lo que se ha tratado. A continuación, abre el libro y echa un vistazo al material que contiene. Si realmente entiendes lo que se ha tratado en clase, solo tendrás que hacer una lectura rápida del libro. Si tienes dudas sobre algún tema, tienes que leer, REALMENTE leer, las secciones pertinentes. Estudia, o incluso vuelve a resolver, los ejemplos tratados en clase o en el libro. La forma más segura de comprobar si realmente conoces el material es mediante un autoexamen (como hemos comentado antes), respondiendo a una pregunta planteada por un compañero de estudio, etc.

Resolver problemas y autoevaluar las lagunas de conocimiento

Después de repasar el material, debes empezar a resolver los problemas. No hay nada más eficaz para identificar las lagunas de conocimiento que intentar resolver problemas. En mis clases, cada clase iba acompañada de tareas domiciliarias. Yo solía asignar los problemas y dar a los alumnos la respuesta final (o se les daba en la contraportada del libro). De este modo, los alumnos sabían cuándo iban por buen camino. Sin embargo, no te limites a probar y equivocarte hasta que encuentres la respuesta del libro: pregúntate siempre si realmente entiendes el concepto subyacente.

Si te das cuenta de que no puedes resolver los problemas de las tareas, da marcha atrás e intenta resolver los problemas de ejemplo del libro. Tapa la solución con una hoja de papel e intenta formular cada paso por tu cuenta. Sigue retrocediendo en el texto hasta que encuentres problemas que entiendas perfectamente y empieza a avanzar metódicamente a partir de ahí.

Buscar compañeros para colaborar

Busca personas con las que colaborar y que estén interesadas en aprender de verdad el material. Establece horarios regulares para estudiar y trabajar juntos en las tareas. Aléjate de la gente a la que solo le interesa la nota y las respuestas finales e intenta encontrar a alguien que quiera estudiar contigo para aprender mejor la asignatura. Estas personas no suelen conformarse con obtener la respuesta correcta al problema. Quieren saber por qué y cómo y ser capaces de establecer un sistema sobre la manera de abordar un problema concreto.

Acudir regularmente a las horas de consulta para cubrir los vacíos

Por lo general, los profesores están dispuestos a ayudar a los estudiantes que se acercan durante las horas de consulta.

Sin embargo, ¡ve preparado! Te sugiero que lleves las preguntas a las horas de consulta después de haber completado todos los pasos anteriores. Es muy eficaz tanto para ti como para el profesor que lleves las soluciones de tus deberes. Por lo general, tu profesor puede ver tu solución e identificar rápidamente dónde está el problema. Este enfoque es infinitamente superior al de presentarse en la oficina del profesor a mitad del semestre diciendo: "¡Estoy totalmente perdido en el curso y no sé por dónde empezar!".

Seguimiento de tu progreso

Establece un sistema para hacer un seguimiento de tus calificaciones en cada componente del curso. Si te devuelven los deberes o los exámenes, guárdalos en una carpeta aparte. Ten a mano una hoja de cálculo o simplemente un trozo de papel para anotar todas las calificaciones que has recibido en cada categoría.

Si estás siguiendo tu calificación y parece que llevas una trayectoria negativa, acuerda una cita con tu profesor para discutir tu estrategia para la clase. Juntos podrán identificar si hay problemas en tu enfoque o algún tema del curso en el que puedas centrar más tu atención. Si obtienes malos resultados en un examen, es evidente que debes cambiar tus hábitos para conseguir algo diferente en el siguiente. Por ejemplo, si sacas un 50 (sobre 100) en el primer examen, es poco probable que aumentando tu esfuerzo en un 10% consigas una nota de 90 en el segundo. Tu instructor o asesor puede ayudarte a realizar un cambio significativo en los hábitos y el rendimiento, pero solo si tomas la iniciativa de programar la reunión.

· · ·

Conócete a ti mismo

Solo tú sabes qué te motivó a estudiar tu carrera. Ya sea el sueño de diseñar hermosos puentes o rascacielos, de inventar un dispositivo biomédico revolucionario que salve vidas, de utilizar los conocimientos de ingeniería para mejorar la calidad de vida en los países en desarrollo, la mejora general de la sociedad o el entusiasmo intrínseco por el avance científico, aprovecha lo que te impulsa y contempla cada asignatura desde la perspectiva general de lo que esperas aportar a este mundo.

RECURSOS ÚTILES

College Board. (2018, August 24). *The Ultimate Guide to Choosing a Major*. College Board Blog. Retrieved June 24, 2022, from https://blog.college board.org/the-ultimate-guide-to-choosing-a-major

Farrington, R. (2022, June 27). *How To Pick A College Major | 3 Top Strategies*. The College Investor. Retrieved June 27, 2022, from https://thecollegein vestor.com/37907/how-to-pick-a-college-major/

Smart, S. (2021, December 18). *A professor hid a cash prize on campus. All students had to do was read the syllabus*. Koorosh Naghshineh. Retrieved June 24, 2022, from https://www.cnn.com/2021/12/18/us/tennessee-profes sor-syllabus-money-trnd/index.html

Purdue University Global. (2018, April 19). *Mastering Time Management for College Students*. Purdue Global. Retrieved July 25, 2022, from https:// www.purdueglobal.edu/blog/student-life/time-management-busy-college-students/

Elaine, E. (2016, August 22). *Sketchnotes: A Guide to Visual Note-Taking*. JetPens. Retrieved June 24, 2022, from https://www.jetpens.com/blog/ Sketchnotes-A-Guide-to-Visual-Note-Taking/pt/892

Writers, S. (2021, January 29). *The Five Best Note-Taking Methods for Students in College | BestColleges*. BestColleges.Com. Retrieved June 24, 2022, from https://www.bestcolleges.com/blog/best-note-taking-methods/

Oxford Learning. (2018, April 24). *How To Take Study Notes: 5 Effective Note Taking Methods*. Retrieved June 25, 2022, from https://www.oxfordlearn ing.com/5-effective-note-taking-methods/

Education Corner. (n.d.-a). *Study Skills: Effective Test Taking Strategies*. Education That Matters. Retrieved July 25, 2022, from https://www. educationcorner.com/test-taking-strategies.html

Education Corner. (n.d.-b). *Study Skills Guide: Effective Test Preparation Tips*. Education That Matters. Retrieved July 25, 2022, from https://www. educationcorner.com/test-preparation-tips.html

Frank, T. (2015). *10 Steps to Earning Awesome Grades (While Studying Less)* (Revised ed.). CreateSpace Independent Publishing Platform.

Hollins, P. (2021). *The Study Skills Handbook: How to Ace Tests, Get Straight A's, and Succeed in School (Learning how to Learn)*. Independently published.

Kahan, R. (2021, September 13). *20 Tips for Engineering Students*. Career

Center | Tufts University. Retrieved February 7, 2022, from https://careers.tufts.edu/blog/2021/10/05/20-tips-for-engineering-students/

McPherson, F. (2018). *Effective Notetaking (Study Skills)* (revised edition (3rd) ed.). Wayz Press.

Muchnick, C. C. (2011). *The Everything Guide to Study Skills: Strategies, tips, and tools you need to succeed in school!* (Student ed.). Everything.

Wong, L. (2014). *Essential Study Skills* (8th ed.). Cengage Learning.

AGRADECIMIENTOS

Este material está basado en mis 26 años de experiencia docente en la universidad estatal. Además, muchos de mis exalumnos han hecho aportes. Me gustaría dar las gracias especialmente a los siguientes ex alumnos por su inestimable contribución: Alex Auer, Steve Beuerle, Aaron Dean y Brent Kostich. También quiero agradecer los aportes que he recibido de mi esposa, Linda Scannell, y de mis amigos y colegas: Lindsay Beauchamp y a los doctores Jim Kamman, Matt Cavalli y Judah Ari-Gur.

www.ingramcontent.com/pod-product-compliance
Lightning Source LLC
Chambersburg PA
CBHW070938120626
46546CB00004B/1465